»Vati, wie lösen Soldaten, die sich gegenseitig umbringen, die Probleme der Welt?«

Bill Watterson: »Calvin und Hobbes«

WAS IST KRIEG?

MIX
Papier aus verantwortungsvollen Quellen
FSC® C089473

Dieses Buch ist erhältlich als:
ISBN 978-3-407-75871-2 Print

in der Verlagsgruppe Beltz · Weinheim Basel
Werderstraße 10, 69469 Weinheim

Zitat von »Calvin und Hobbes« entnommen aus Bill Watterson: Calvin und Hobbes. Die Gesamtausgabe, Carlsen 2020, Buch III, S. 194
Originaltitel: Què és la guerra

Übersetzung: Ursula Bachhausen
Satz: Konstantina Thein, Elisabeth Werner
Druck und Bindung: Beltz Grafische Betriebe, Bad Langensalza
Beltz Grafische Betriebe ist ein klimaneutrales Unternehmen (ID 15985-2104-100).
Printed in Germany
1 2 3 4 5 26 25 24 23 22

institut ramon llull

Die Illustrationen in diesem Werk wurden teilweise durch eine Förderung des Instituts Ramon Llull ermöglicht.

Weitere Informationen zu unseren Autor:innen und Titeln finden Sie unter:
www.beltz.de

BELTZ & Gelberg

Manchmal sehen Leute Dinge ganz anders als wir. Vielleicht werden wir wütend und geraten sogar in Streit miteinander, weil jede Seite davon überzeugt ist, dass sie recht hat und die andere unrecht. Wenn zwei so gegensätzliche Meinungen aufeinandertreffen, entsteht ein

KONFLIKT

DIPLOMATIE

DEMOKRATIE

Wenn Diplomatie und Politik Konflikte nicht lösen können, führt dies möglicherweise zu Gewalt und

KRIEG

Konflikte haben selten nur eine einzige Ursache.

Bei KRIEGEN kommen unterschiedliche Dinge zusammen.

WER IST WER?

Zu den Beteiligten eines Krieges gehören alle Menschen und Organisationen, die freiwillig oder unfreiwillig in einen bewaffneten Konflikt verwickelt werden.

NATIONALE ARMEEN

Es gibt etwa 200 Länder auf der Welt und fast alle haben eine Armee.* Dafür geben die Staaten sehr viel Geld aus. Armeen sind verpflichtet, humanitäre Abkommen einzuhalten, die ihre Regierungen unterzeichnet haben.

IRREGULÄRE KRÄFTE

Das sind bewaffnete Einheiten, die keinem Staat angehören. Es kann sich um kleinere Gruppen oder Kampfverbände handeln, die insgeheim von einer anderen Regierung unterstützt werden. Sie werden auch als Guerilla, paramilitärische Gruppen, Rebellen, Milizen oder Terroristen bezeichnet.

ZIVIL-BEVÖLKERUNG

Die nicht an den Kämpfen beteiligten Bewohner eines Kriegsgebietes sind die ersten Opfer eines Konfliktes. Obwohl sie durch internationale Gesetze geschützt werden, leiden sie unter Gewalt und werden in ihrem Leben stark beeinträchtigt. Häufig sind sie gezwungen, zu fliehen und alles zurückzulassen.

* Andorra, Liechtenstein und Island gehören zu den wenigen Ländern, die keine Armee haben.

INTERNATIONALE AKTEURE

Organisationen oder Personen aus dem Ausland können einen Konflikt beeinflussen.

Internationale Organisationen

Die UNO* oder das Rote Kreuz sind überstaatliche Organisationen. In Konflikten setzen sie sich für die Einhaltung der Menschenrechte ein.

* Organisation der Vereinten Nationen

NGOs*

Diese Organisationen unterstehen keiner Regierung. Daher sind sie im Prinzip neutral. Ihre Aufgabe ist es, auf die Einhaltung der Menschenrechte zu achten und Opfern zu helfen.

*NGO kommt aus dem Englischen und bedeutet Nichtregierungsorganisation.

Ausländische Eingreiftruppen

Aus humanitären Gründen oder zum Schutz eigener Interessen können Regierungen Militärhilfe oder Truppen in andere Länder entsenden.

Öffentliche Meinung

Es ist sehr wichtig, was die Bürger eines Landes über einen Konflikt denken. Denn dies kann die Regierung dazu bewegen, eine der Kriegsparteien zu unterstützen.

Krieg ist eine Frage der

MACHT

Wer den Krieg gewinnt, kann über die Zukunft des unterlegenen Landes entscheiden und kann selber eine Regierung einsetzen, über Waren oder Bodenschätze verfügen und sogar die Geschichtsschreibung beeinflussen.

DIE GESCHICHTE WIRD VON SIEGERN GESCHRIEBEN, HEIẞT ES.

DESHALB WISSEN WIR VIEL ÜBER DIE RÖMER, ABER NUR WENIG ÜBER KELTEN, IBERER UND ANDERE VÖLKER, DIE SIE EROBERT HABEN.

AUCH ÜBER ANDERE HERRSCHENDE IST VIELES BEKANNT, ANDERS ALS ÜBER IHR HEER ODER GAR ÜBER DIE MÄNNER, FRAUEN UND KINDER AUS DEM VOLK.

Krieg ist auch ein GESCHÄFT

In einem Konflikt müssen die meisten Leute – sogar die Sieger – große Verluste hinnehmen, doch manche verdienen mit dem Krieg viel Geld.

SÖLDNER

Schon in der Antike gab es Berufssoldaten, die für einen Kriegsherrn kämpften, der sie gut dafür bezahlte.

Seit Staaten reguläre Armeen haben, verloren Söldner ihre frühere Bedeutung, aber es gibt sie heute noch.

WAFFENPRODUKTION

Es gibt Unternehmen, die Waffen von Pistolen bis hin zu Kampfhubschraubern entwickeln und produzieren.

Regierungen auf der ganzen Welt kaufen mit einem Teil ihres Geldes Waffen, um die militärische und technologische Schlagkraft ihrer Armeen zu sichern.

Nach internationalem Recht können auf legalem Weg nur Staaten Kriegswaffen kaufen. Deshalb besorgen sich irreguläre Streitkräfte ihre Waffen oft illegal bei Waffenhändlern.

Illegale und darunter vor allem leichte Waffen sind weit verbreitet. Und Händler wissen genau, wie sie legal erworbene Rüstungsgüter illegal weiterverkaufen können.

WAFFENHANDEL

Manche Unternehmen bieten die nötigen Ressourcen an, ohne die kein Krieg geführt werden kann: von Bankkrediten für den Kauf von Waffen bis hin zum Kraftstoff für Panzer.

Nach dem Krieg müssen Firmen die Infrastruktur (Brücken, Straßen und Gebäude) instand setzen. Auch um die Wirtschaft wieder in Gang zu bringen, wird viel Geld benötigt.

UNTERNEHMEN

RÜSTUNG

Kriegswaffen werden entwickelt, um Menschen zu verletzen und zu töten. Über die Jahrhunderte sind sie immer effektiver geworden: Heute haben schon gut ausgerüstete Soldatinnen und Soldaten eine enorme Feuerstärke. Hightech-Waffen bieten eine gewaltige Zerstörungskraft.

KONVENTIONELLE WAFFEN

LEICHTE WAFFEN

Diese Waffen kann ein Mensch allein transportieren.

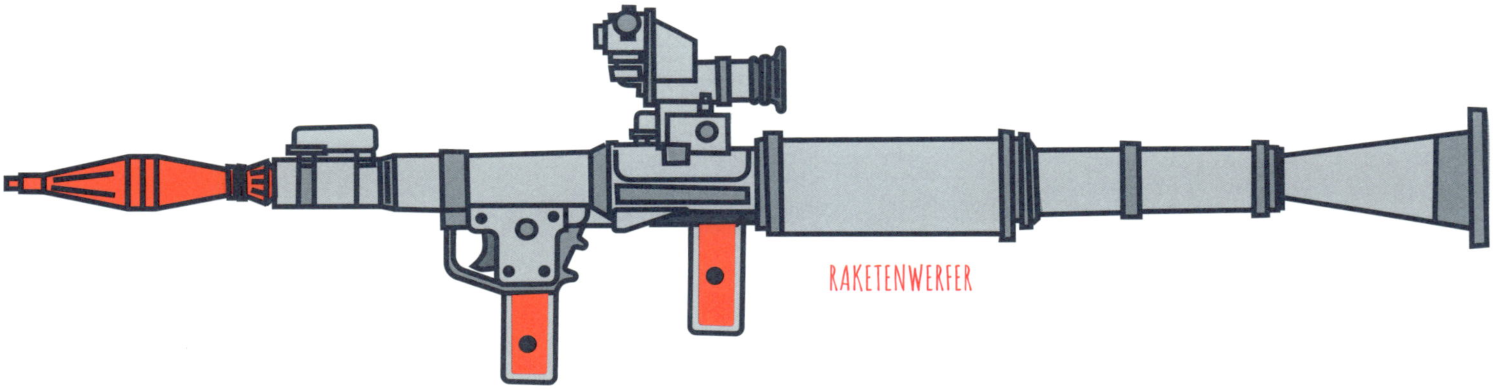

Am weitesten verbreitet sind leichte Waffen und Antipersonenminen. Sie können mühelos auf dem Schwarzmarkt erworben werden und verursachen die größten Schäden. Solche Waffen sollen für 90 Prozent der Opfer in Konflikten verantwortlich sein.

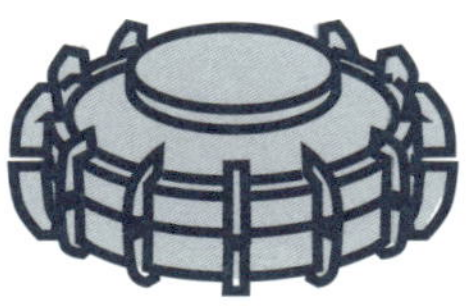

SCHWERE KONVENTIONELLE WAFFEN

HAUBITZE

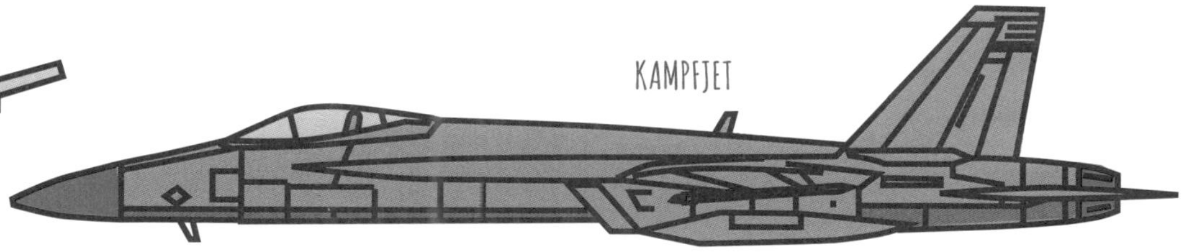

KAMPFJET

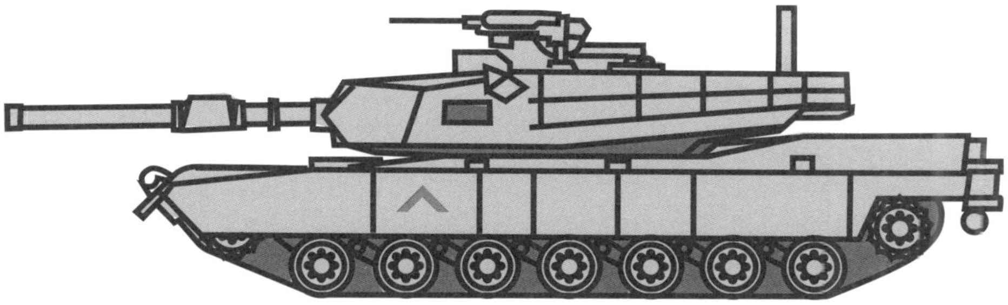

KAMPFPANZER

Diese hoch entwickelten Waffen sind sehr teuer. Nur die Armeen von Staaten verfügen über das Geld, das Personal und die nötigen militärischen Einrichtungen, um eine Kriegsmarine oder Luftstreitkräfte zu unterhalten.

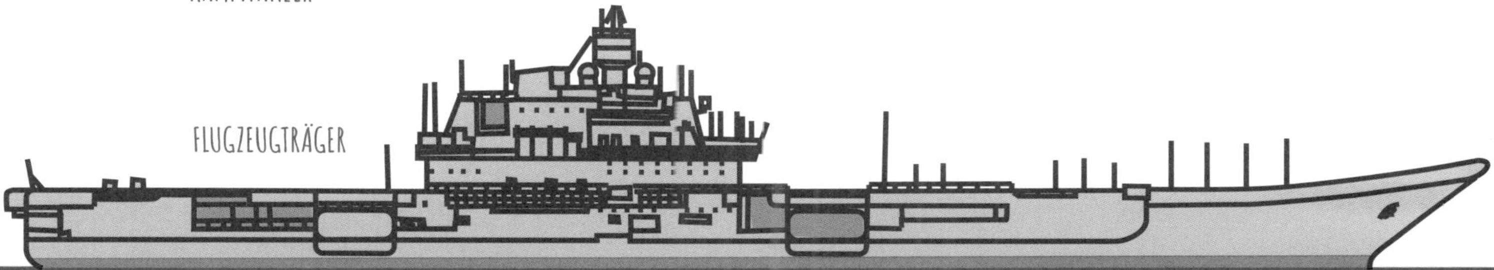

FLUGZEUGTRÄGER

UNKONVENTIONELLE WAFFEN

Nuklear

Atomwaffen basieren auf Kernspaltung. Ihre Zerstörungskraft ist so groß, dass sie ganze Städte zerstören können. Ihre radioaktive Strahlung schadet Menschen und Umwelt. Ihr Einsatz verstößt gegen das Völkerrecht.

Chemisch

Chemische Waffen werden aus toxischen Substanzen hergestellt, die Menschen töten oder ihnen schweren Schaden zufügen können. Sie sind durch die Chemiewaffenkonvention von 1993 verboten.*

Biologisch

Diese Waffen setzen Bakterien, Viren oder Toxine ein, die bei Menschen Krankheiten hervorrufen oder die Umwelt schädigen können. Auch sie sind durch die Chemiewaffenkonvention von 1993 verboten.*

* Der offizielle Name lautet: Übereinkommen über das Verbot der Entwicklung, Herstellung, Lagerung und des Einsatzes chemischer Waffen und über ihre Vernichtung.

TECHNOLOGIE

Der technologische Fortschritt führt zu immer schnelleren, tödlicheren und präziseren Waffen, die einer Armee einen Vorteil verschaffen können.

Militärtechnologie kommt auf vielfältigen Gebieten zum Einsatz: bei Kampfanzügen ebenso wie beim Bau von Kampfflugzeugen, die in kürzester Zeit große Entfernungen zurücklegen, beim Bau von unbemannten Drohnen oder von bewaffneten, robotergelenkten Fahrzeugen.

Aber nur große Armeen verfügen über Hightech-Waffen. Diese sind sehr teuer und veralten nach wenigen Jahren. Dann müssen sie durch neue Modelle ersetzt werden.

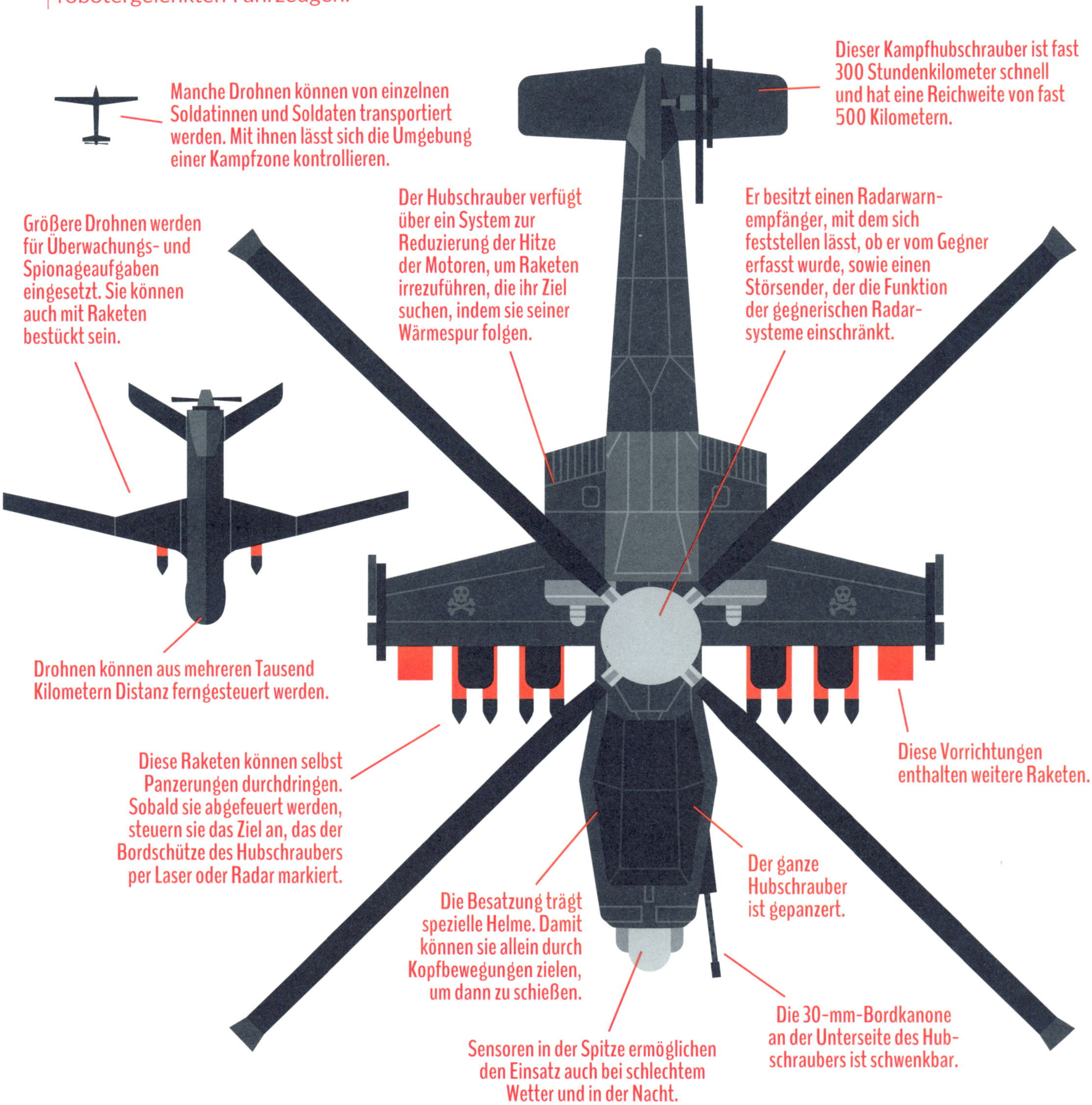

Die Kriegsparteien müssen ihre Soldatinnen, Soldaten und Verbündeten davon überzeugen, dass es gute Gründe für ihren Angriff gibt. Die öffentliche Meinung muss den Feind als den »Bösen« wahrnehmen und das eigene Vorgehen als »gerecht« empfinden.

SIEHE »DER GERECHTE KRIEG«, S. 18

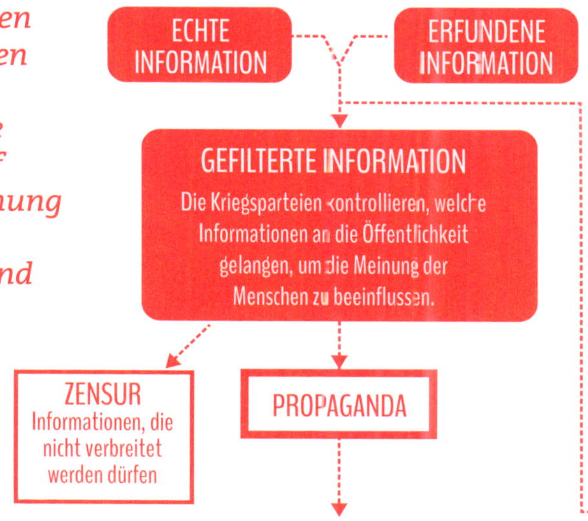

Propaganda rechtfertigt den Krieg und versucht, die Menschen davon zu überzeugen, dass er gewonnen werden kann.

Im 20. Jahrhundert wurde die Propagandaschlacht zuerst im **Radio**, im **Kino**, in **Zeitungen** und mithilfe von **Plakaten** und **Flugblättern** ausgetragen. Heute werden dafür das **Fernsehen** und andere **Medien** genutzt, aber auch schwerer zu kontrollierende Kanäle wie **soziale Netzwerke, Internetseiten** und **Onlinevideos**.

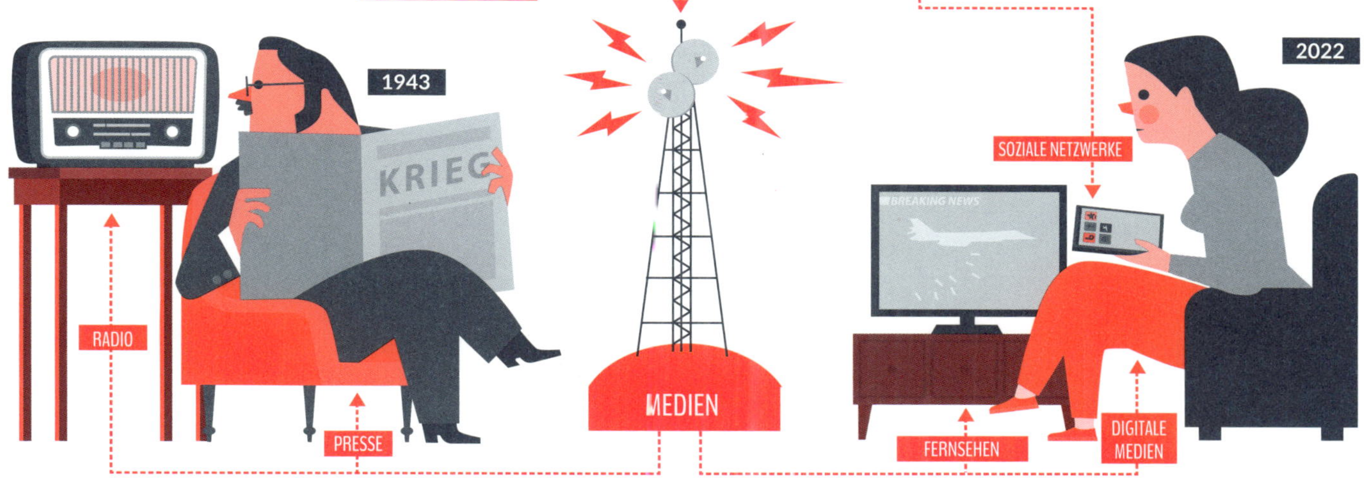

PROPAGANDA UND CYBERKRIEG

Das Internet spielt auch jenseits der Propaganda eine wichtige Rolle.

Bei Cyberattacken können die Informationssysteme des Gegners durch eingeschleuste Viren lahmgelegt werden. Hacker versuchen, an geheime Informationen zu gelangen.

Stell dir vor, was passieren würde, wenn ein Feind durch Sabotage in den Kommunikationsnetzen alle Kraftwerke oder Flughäfen eines Landes stilllegen würde!

DER KRIEG IN DER GESCHICHTE

Menschen griffen immer schon zu Gewalt. Sicher führten bereits die frühen Jäger und Sammler »Kriege«, um ihr Gebiet zu verteidigen oder Vorräte von anderen Gruppen zu stehlen.

Mit zunehmender Komplexität der Gesellschaften wurden auch die Kriege ausgefeilter. Das Römische Reich oder die chinesische Tang-Dynastie konnten große Heere mobilisieren, um Gebiete und Völker zu erobern oder gegen andere Reiche zu kämpfen.

Im mittelalterlichen Japan oder Europa herrschte der Adel. Nur er war reich genug, um sich Waffen, Pferde und eigene Heere leisten zu können. Sogar innerhalb eines Königreiches kämpfte der Adel gegeneinander.

Es gab zu allen Zeiten Kriege. Genauso gab es schon immer Menschen, die davon überzeugt waren, dass sich Konflikte friedlich lösen lassen.

Große religiöse Leitfiguren wie Konfuzius, Lao-Tse oder Jesus Christus sprachen sich gegen Gewalt aus.

Auch wenn die Kirche selbst die Kreuzzüge unterstützte, war es im Mittelalter in Europa verboten, in Kirchen und Klöstern Waffen zu tragen oder zu kämpfen.

Mit der Erfindung von Feuerwaffen endete die Ära der adligen Ritter, da ihre teuren Rüstungen nicht vor Kugeln schützten.
Von da an siegte die Seite, die die meisten Infanteriesoldaten in die Schlacht schickte.

Ihr militärischer Fortschritt erlaubte es den Europäern, andere Kontinente zu erforschen und zu kolonisieren. Dabei zwangen sie den eroberten Völkern ihre Kultur, Religion und Sprache auf.
Viele der heutigen Länder sind ehemalige Kolonien.

Mit der Entstehung der Nationalstaaten in der Neuzeit schufen die Länder stehende Heere, die vom Staat bezahlt wurden.
Im Kriegsfall konnte die Armee auch einen Teil der Zivilbevölkerung zu den Waffen rufen.

SIEHE »KRIEG ZWISCHEN STAATEN«, S. 22

Im 16. Jahrhundert beschrieb Thomas Morus in seinem Buch UTOPIA eine gleichberechtigte Gesellschaft, in der es keine Gewalt gibt.

Philosophen wie Leibniz und Kant prägten das 18. Jahrhundert, indem sie darüber nachdachten, wie Probleme auf friedliche Weise gelöst werden können.

Die Vordenker des Sozialismus lehnten den Krieg ab, da dieser ihrer Ansicht nach nur den Interessen der Reichen und Mächtigen dient.

DER GERECHTE KRIEG

Unter welchen Umständen kann Krieg das Mittel der Wahl sein, um einen Konflikt zu lösen? Seit der Antike fragen sich Denker, ob etwas so Schreckliches wie ein Krieg, der Leid und Tod mit sich bringt, gerechtfertigt sein kann.

Hast du das Recht, dich zu verteidigen, wenn dich jemand ohne Grund angreift, oder wendest du dich besser an jemanden, der dir hilft, das Problem zu lösen?

Und hast du die Pflicht, einzugreifen und zu schlichten, wenn du Zeuge eines Übergriffs wirst?

Genauso ist es auch bei Ländern. Wenn ein Staat angegriffen wird, muss er sich verteidigen dürfen, und die internationale Gemeinschaft sollte eingreifen, um eine friedliche Lösung zu finden.

Allerdings gibt es unterschiedliche Sichtweisen, je nachdem, wen wir fragen.

In dem, was für manche ein gerechter Grund für einen Krieg ist, sehen andere vielleicht eine ungerechtfertigte Aggression.

*Wenn ein Krieg ausbricht, müssen **die Kriegsparteien erklären, welche Gründe die Gewalt rechtfertigen.** Deshalb starten sie Propagandakampagnen, die beweisen sollen, dass ihre Sache gerecht ist. Dabei übertreiben oder lügen sie häufig, um ihre Interessen durchzusetzen.*

SIEHE »PROPAGANDA UND CYBERKRIEG«, S. 15

DER GERECHTE KRIEG IST DIE GRUNDLAGE DES **HUMANITÄREN VÖLKERRECHTS** ▸▸

HUMANITÄRES VÖLKERRECHT (HVR)

Das Internationale Recht und die Vereinbarungen des Völkerrechts stehen über nationalen Gesetzen. Sie sollen Kriegsschäden eindämmen und die Menschenrechte der Bevölkerung garantieren.

Richter an **internationalen Institutionen** (wie dem Internationalen Strafgerichtshof in Den Haag) wachen über die Einhaltung des internationalen Rechts. Wer während eines Konflikts gegen das Völkerrecht verstößt, kann wegen **KRIEGSVERBRECHEN** und **VERBRECHEN GEGEN DIE MENSCHLICHKEIT** angeklagt werden.

Regierungen, die internationale Abkommen unterzeichnen, sind verantwortlich dafür, dass diese von ihrer Armee eingehalten werden.

Wenn Militärangehörige gegen das Völkerrecht verstoßen, müssen sie von ihren Regierungen vor Gericht gestellt und bestraft werden.

Das Völkerrecht regelt, **was im Krieg erlaubt ist und was nicht.** Die Armeen dürfen nicht in ein anderes Land einmarschieren und die Zivilbevölkerung oder Krankenhäuser und medizinische Einrichtungen angreifen. Sie müssen Gefangene gut behandeln, historische und religiöse Monumente respektieren und dürfen weder chemische noch biologische oder nukleare Waffen einsetzen.

PROBLEME

- Nicht immer achten Armeen diese Konventionen, sei es mit oder ohne Billigung ihrer Regierungen.
- Bewaffnete Kämpfer, die keiner Regierung unterstehen, halten sich selten ans Völkerrecht.
- Verstöße gegen das Völkerrecht in Kriegsgebieten lassen sich in der Regel nur schwer dokumentieren.

AUFSTAND, UNRUHEN, REVOLTE, AUFRUHR, MEUTEREI, PUTSCH, REBELLION

REVOLUTION!

Bei einer Revolution erhebt sich ein großer Teil der Bevölkerung (meist gewaltsam) gegen das politische und wirtschaftliche System, um es zu stürzen und ein neues System zu errichten.

Zu den berühmtesten Revolutionen in der Geschichte gehören die Französische Revolution (1789–99), die zum Sturz der Monarchie führte, und die Russische Revolution (1917), nach der in Russland und in vielen anderen Ländern der Kommunismus eingeführt wurde.

STAATS-STREICH

Hier übernimmt eine Gruppe von bereits an der Macht beteiligten Personen schnell, gewaltsam und ohne Unterstützung des Großteils der Bevölkerung die Macht. Oft stehen Offiziere eines Landes an der Spitze eines solchen Putsches.

REBELLION

Ein Teil der Bevölkerung erhebt sich gewaltsam gegen die Regierung, um sie zu stürzen oder wichtige politische Veränderungen zu fordern. Anders als bei einer Revolution ist es nicht das vorrangige Ziel, das soziale und wirtschaftliche System radikal zu ändern.

BÜRGERKRIEG

Das ist ein Krieg innerhalb eines Landes. In einem Bürgerkrieg stehen sich Menschen derselben Herkunft (sogar Nachbarn und Verwandte) gegenüber, die unterschiedliche Interessen und Gesinnungen haben. Ein Bürgerkrieg kann ausbrechen, wenn bei einer Rebellion, Revolution oder einem Staatsstreich die Ziele nicht schnell und eindeutig erreicht werden.

GUERRILLA

Dieses spanische Wort heißt »kleiner Krieg«. Nach dem Einmarsch von Napoleons Truppen im 19. Jahrhundert in Spanien erhoben sich einige Spanier gegen die Franzosen. Es handelte sich um kleine Gruppen, die nicht in einer offenen Schlacht gegen ein großes Heer kämpfen konnten. Daher verlegten sie sich auf schnelle Überraschungsangriffe und verschwanden, bevor der Gegner reagieren konnte. Da diese kleinen Splittergruppen mobil waren und in der Bevölkerung untertauchen konnten, waren sie schwer zu besiegen.

Manchmal ist der Unterschied zwischen Guerillakämpfern und Terroristen sehr klein. Für die Regierung sind die Guerrillakämpfer Terroristen, während diese überzeugt sind, für eine gerechte Sache einzutreten.

TERRORISMUS

Eine bewaffnete Gruppe oder Einzelne können jederzeit und überall Anschläge verüben, um ihre Gegner gezielt in Schrecken zu versetzen. Die Furcht der Menschen wird durch die Berichterstattung über die Attentate im Fernsehen und im Radio zusätzlich geschürt.

Der moderne TERRORISMUS seit Beginn des 21. Jahrhunderts zeichnet sich durch bewaffnete Gruppen aus, die häufig, aber nicht nur ihre religiöse Sicht überall auf der Welt mit Gewalt durchsetzen wollen. Sie gehören keinem bestimmten Land an, verfügen aber über weitreichende Netzwerke.

SIEHE »ISLAMISCHER STAAT (IS)«, S. 41

SPEZIALKRÄFTE

Armeen haben Spezialkommandos aus Elitesoldaten, die in gefährlichen Gebieten mit Methoden der Infiltration, Sabotage und des Guerillakampfes gezielte Angriffe durchführen.

KRIEG ZWISCHEN STAATEN

Ab dem 18. Jahrhundert entstanden insbesondere in Europa Nationalstaaten, aus denen die heutigen Staaten hervorgingen. Es handelt sich um politische Organisationsformen mit einem begrenzten Staatsgebiet und einer Regierung, die Gesetze erlässt, Steuern eintreibt und über eine Armee und Polizei verfügt.

Im 19. und 20. Jahrhundert war Krieg zwischen Staaten die häufigste Form des bewaffneten Konflikts. Oft wurden Hunderttausende junger Männer rekrutiert, um gegeneinander zu kämpfen.

Solche Kriege folgen einem Muster: Die Länder brechen ihre diplomatischen Beziehungen ab und erklären einander offiziell den Krieg. Im Kampf sind ihre Armeen theoretisch verpflichtet, das Völkerrecht einzuhalten.

DIE WELTKRIEGE

Im Laufe des 20. Jahrhunderts gab es zwei Weltkriege. Sie wurden so genannt, weil darin Länder von mehreren Kontinenten verwickelt waren und sie weltweit große Auswirkungen hatten.

In diesen Kriegen vermischten sich Konflikte über Staatsgrenzen mit wirtschaftlichen, gesellschaftlichen und ideologischen Themen. Zum ersten Mal wurde im großen Stil moderne Technik in Form von Flugzeugen, Panzern, chemischen Waffen und Atomwaffen eingesetzt. Auch die Zivilbevölkerung wurde erstmals zum Ziel massiver militärischer Angriffe.

DER ZWEITE WELTKRIEG

1939 überfiel Deutschland sein Nachbarland Polen und begann so den Krieg. Deutschland, Italien und Japan (die sogenannten »Achsenmächte«) standen der Sowjetunion, den USA, Frankreich und Großbritannien (den »Alliierten«) gegenüber.

Der Krieg forderte geschätzt mehr als 60 Millionen Opfer, insbesondere unter der Zivilbevölkerung, und führte zu nie dagewesenen Zerstörungen.

1945 endete der Krieg: in Europa nach dem Fall Berlins und in Asien nach dem Abwurf der Atombomben auf Hiroshima und Nagasaki.

DER KALTE KRIEG

Nach dem Zweiten Weltkrieg waren die **USA** und die **Sowjetunion** (auch UdSSR: ein Zusammenschluss von 15 Sowjetrepubliken mit Russland als mächtigster Teilrepublik) die beiden mächtigsten Staaten der Welt. Beide wollten ihr politisches und wirtschaftliches Modell auf der ganzen Welt durchsetzen.

Um ihren **Einfluss** auszuweiten, griffen sie weltweit in Kriege und Konflikte ein und unterstützten ihre Verbündeten mit Militär- und Wirtschaftshilfen. Dies geschah etwa im Koreakrieg, im Vietnamkrieg und im Zuge der Kuba-Krise.

Zum Glück **kam es nie zu einem direkten Krieg** zwischen den beiden großen Militärmächten, denn beide besaßen bereits **riesige Arsenale an Atomwaffen**. Die Folgen wären katastrophal gewesen.

EIN GLEICHGEWICHT DES SCHRECKENS

Beide Seiten wussten: Bei einem Angriff würde der Gegner unmittelbar mit aller Macht zurückschlagen. Es würden so viele Atombomben gezündet, dass die ganze Erde zerstört werden könnte.

Obwohl niemand einen Krieg gewinnen kann, wenn dabei die ganze Menschheit stirbt, wurden immer mehr Waffen hergestellt. Man dachte, dass sie eine »abschreckende Wirkung« hätten.

Mit dem Zerfall der Sowjetunion Anfang der 1990er-Jahre endete der Kalte Krieg.

Die Nazis waren die Ersten, die Kriegsraketen entwickelten. Ihre V2-Raketen sollten Städte wie London bombardieren. Anders als Flugzeuge konnten sie vom Radar nicht entdeckt und von Jagdflugzeugen nicht abgeschossen werden, weil sie mit Überschallgeschwindigkeit flogen.

Auf dieser technischen Grundlage wurden sowohl die Raketen, die zum Mond flogen, als auch Interkontinentalraketen entwickelt.

RAKETEN

Eine militärische Rakete verfügt über einen Sprengkopf und kann aufgrund ihres Antriebssystems große Entfernungen überwinden.

Raketen unterscheiden sich durch ihre Reichweite, ihr Ziel und von wo sie abgeschossen werden. Es gibt kleinere Raketen, die ein Soldat gegen einen Panzer in 100 Metern Entfernung abschießen kann, Raketen, die von einem Schiff gegen Militäreinrichtungen in mehreren Hundert Kilometern Entfernung abgefeuert werden, aber auch große Raketen, die Ozeane überqueren können.

BALLISTISCHE INTERKONTINENTALRAKETEN

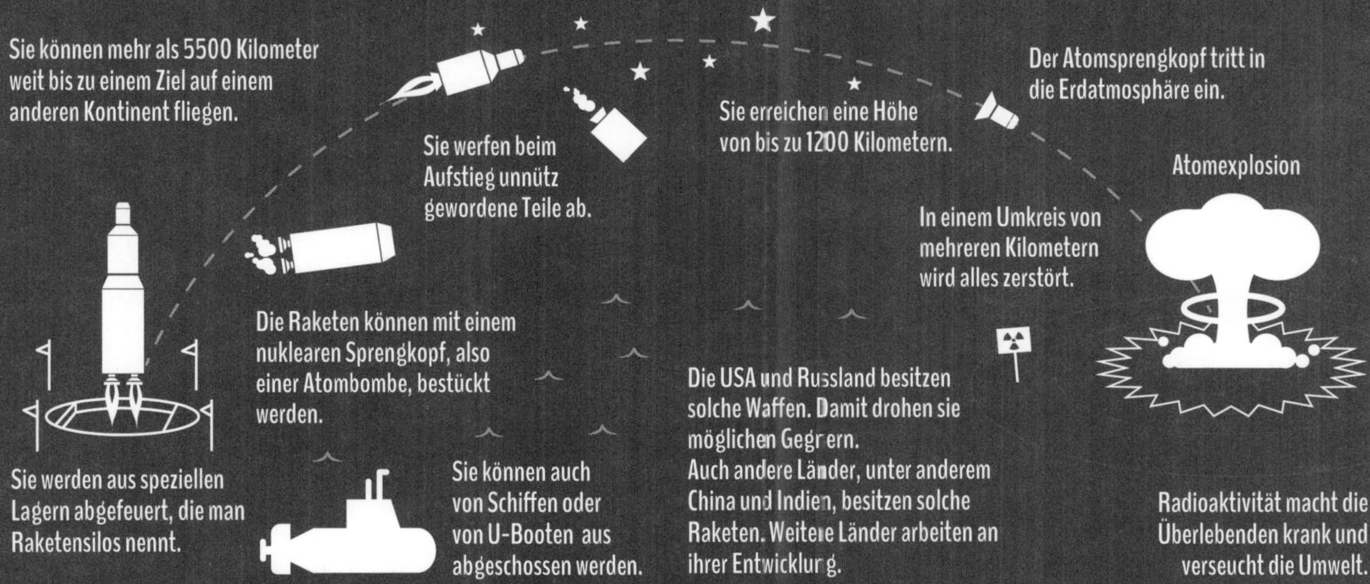

Bisher wurden erst ein Mal in einem Krieg Nuklearwaffen eingesetzt. Die Atombomben, die 1945 auf die japanischen Städte Hiroshima und Nagasaki abgeworfen wurden, forderten mehr als 200.000 Opfer. Daraufhin endete der Zweite Weltkrieg.

Viele Atomtests wurden in Wüstengebieten wie der sibirischen Tundra oder den Atollen im Pazifik durchgeführt. Schätzungen zufolge wurden bei solchen Atomtests mehr als 2000 Atomsprengkörper zur Explosion gebracht.

Die politischen Veränderungen in der Sowjetunion beendeten das atomare Wettrüsten, doch die USA und Russland besitzen immer noch riesige Atomwaffenarsenale. Auch andere Länder wie Indien, Frankreich oder Großbritannien haben Atomwaffen.

ES GIBT NOCH IMMER GENUG ATOMWAFFEN, UM DIE GANZE ERDE ZU ZERSTÖREN.

MILITÄRMÄCHTE

GROSSBRITANNIEN

KAMPFPANZER 227 | LUFTWAFFE 693 | TRUPPENSTÄRKE 194.000 | FLUGZEUGTRÄGER / U-BOOTE 2 / 10

ATOMSPRENGKÖPFE 225 | VERTEIDIGUNGSHAUSHALT 68.000.000.000 $

FRANKREICH

KAMPFPANZER 406 | LUFTWAFFE 1055 | TRUPPENSTÄRKE 205.000

FLUGZEUGTRÄGER / U-BOOTE 1 / 10 | ATOMSPRENGKÖPFE 290

VERTEIDIGUNGSHAUSHALT 40.900.000.000 $

USA

KAMPFPANZER 6612 | LUFTWAFFE 13.247 | TRUPPENSTÄRKE 1.390.000 | FLUGZEUGTRÄGER / U-BOOTE 11 / 68

ATOMSPRENGKÖPFE 5500 | VERTEIDIGUNGSHAUSHALT 770.000.000.000 $

Das Wort GEOSTRATEGIE setzt sich zusammen aus den Worten GEO (Erde) und STRATEGIE (zielgerichtetes Handeln, um seine Vorhaben zu erreichen).

Es bezeichnet die Taktik, die Regierungen einsetzen, um ihre politischen, wirtschaftlichen und militärischen Interessen in der Welt zu wahren und durchzusetzen.

Ein Beispiel: Die USA kaufen jedes Jahr viele Millionen Barrel Öl. Daher ist ihnen die Kontrolle über erdölproduzierende Länder wichtig. 1990 überfiel der Irak das kleine, aber dank seiner Ölvorkommen reiche Nachbarland Kuwait.

Der damals von Saddam Hussein regierte Irak hatte große wirtschaftliche Probleme und wollte den Ölpreis erhöhen, während das reiche Kuwait den Preis senken wollte.

Die UNO verurteilte die Invasion. Eine internationale Koalition besiegte die irakische Armee. Sie wurde von den USA, einem der größten Ölimporteure der Welt, angeführt.

Die As-Sabah-Dynastie des Emirs von Kuwait besitzt viel Geld und Macht. Sie ist an einigen der größten Unternehmen der Welt beteiligt, zu denen auch viele amerikanische Firmen gehören.

BEI IHREM RÜCKZUG STECKTEN DIE IRAKER DIE ÖLQUELLEN IN BRAND UND VERURSACHTEN SO EINE UMWELTKATASTROPHE.

US-SOLDAT IM GOLFKRIEG

Eine Militärmacht ist ein Staat, der eine große, sehr gut ausgerüstete Armee mit Luft- und Seestreitkräften, modernstem Kriegsgerät und einem Arsenal an Massenvernichtungswaffen besitzt. Welche Militärmächte gibt es heute?

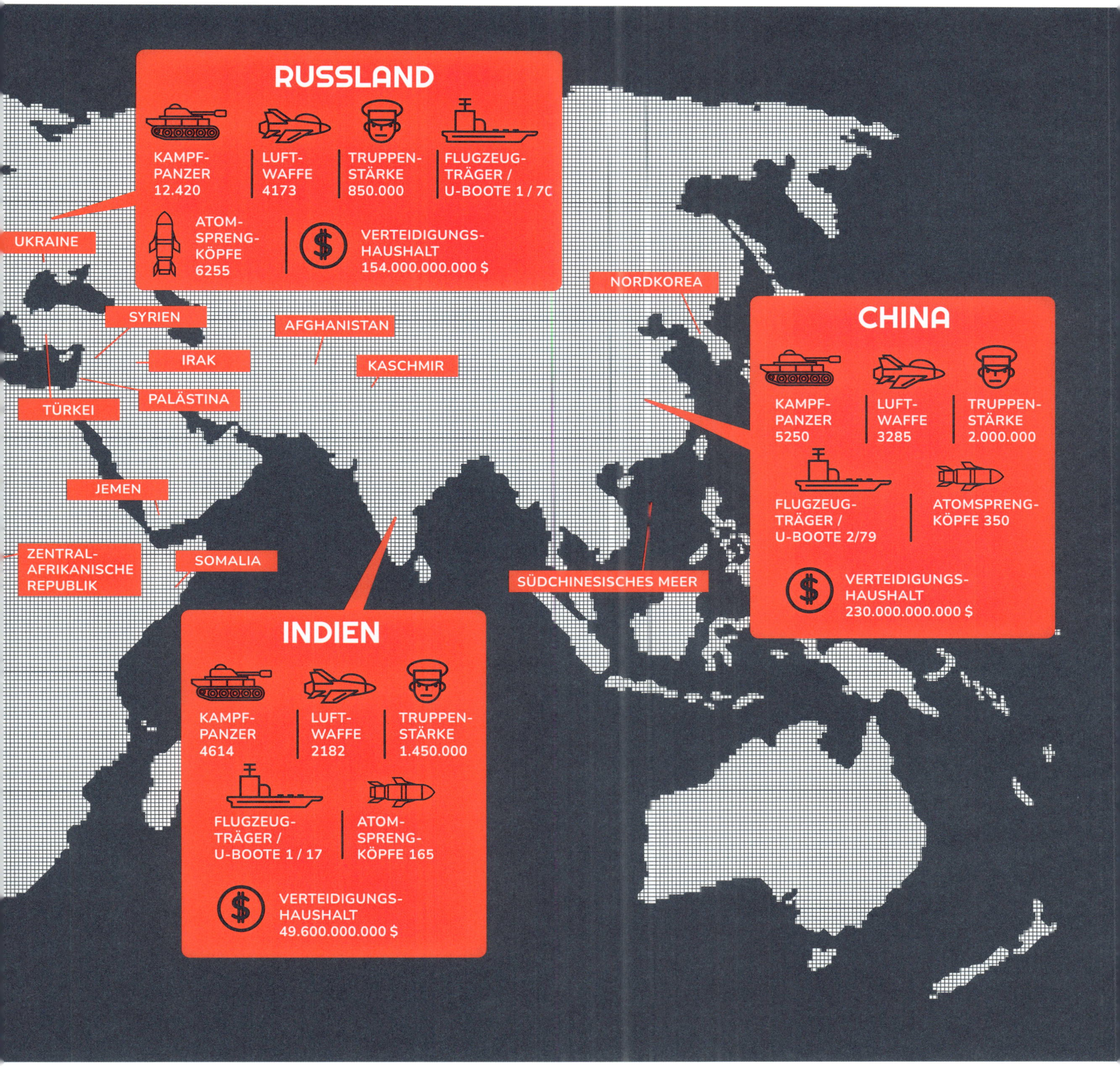

Quellen: Global Firepower Index 2022: https://fas.org; Anmerkung: Die Angaben zu atomaren Sprengköpfen sind geschätzt, da diese Informationen geheim gehalten werden.

AFGHANISTAN – Diese Kästchen zeigen Konflikte, in die eine oder mehrere Militärmächte verwickelt sind.

DIE NATO UND DER WARSCHAUER PAKT

NORDATLANTIKPAKT – NATO

Während des Kalten Krieges schlossen die USA und ihre europäischen Verbündeten einen Militärpakt: Sollte einer von ihnen angegriffen werden, würden sie es als Angriff auf alle verstehen und gemeinsam militärisch darauf antworten. Dieses Bündnis heißt **NATO** (North Atlantic Treaty Organization).

WARSCHAUER PAKT

Die UdSSR und ihre kommunistischen Verbündeten schlossen sich zum **Warschauer Pakt** zusammen. Nach dem Zerfall der UdSSR löste sich der Warschauer Pakt auf, während die NATO noch immer die Verteidigung ihrer Mitglieder garantiert (auch ehemaliger Staaten des Warschauer Paktes).

VOLKSBEFREIUNGSARMEE

Die NATO ist das mächtigste Militärbündnis der Welt, nicht zuletzt, weil ihr die militärisch starken USA angehören.

Daneben gibt es andere Militärmächte wie vor allem China und Russland, das das Erbe der Sowjetunion angetreten hat. Sie sind eine neue Herausforderung für das militärische Gleichgewicht in der Welt.

MITGLIEDER DER NATO* – Belgien / Dänemark / Frankreich / Island / Italien / Kanada / Luxemburg / Niederlande / Norwegen / Portugal / USA / Vereinigtes Königreich / Griechenland / Türkei / Deutschland / Spanien / Polen / Tschechische Republik / Ungarn / Bulgarien / Estland / Lettland / Litauen / Rumänien / Slowakei / Slowenien / Albanien / Kroatien / Montenegro / Nordmazedonien

MILITÄRBASEN

Einige Länder unterhalten auch außerhalb ihrer eigenen Landesgrenzen Militärbasen. Durch diese militärische Präsenz können sie schnell eingreifen, um die geostrategischen Interessen ihrer Regierungen zu verteidigen.

Nach dem Zweiten Weltkrieg haben die USA überall auf der Welt Militärbasen eingerichtet. Sie verfügen noch immer über rund 800 Stützpunkte in Ländern wie Deutschland, Spanien, Japan oder Südkorea.

Andere Länder unterhalten weiterhin Militärbasen in ihren ehemaligen Kolonien. So besitzt Frankreich noch immer Stützpunkte in mehreren afrikanischen Ländern. Das Vereinigte Königreich hat Basen auf Zypern, in Kenia oder in Nepal.

* In der Reihenfolge ihres Beitritts

KRIEG UND GLOBALISIERUNG

Jahrzehntelang hat es keinen Krieg mehr zwischen militärischen Großmächten gegeben. Warum?

In einer globalisierten Wirtschaft sind Unternehmen in vielen Ländern tätig. Staaten müssen ihre Nachbarn nicht mehr überfallen, um sich deren Ressourcen anzueignen. Die Firmen produzieren, kaufen und verkaufen weltweit und Kriege sind schlecht für das Geschäft.

Es gibt viele Organisationen zur diplomatischen Zusammenarbeit wie die UNO oder die EU. Außerdem vermeiden die Großmächte und Militärbündnisse direkte Auseinandersetzungen, weil sich ein solcher Konflikt zu einem Atomkrieg ausweiten könnte.

Kleinere Länder wagen es in der Regel nicht, die großen Militär- und Wirtschaftsmächte militärisch herauszufordern. Ihre Armeen kämpfen häufiger im eigenen Land oder in regionalen Konflikten.

ABER IMMER NOCH FINDEN KRIEGE ZWISCHEN STAATEN STATT.

In manchen Gebieten gibt es immer noch Spannungen zwischen Staaten, wie in Kaschmir oder an der Grenze zwischen Nord- und Südkorea. Und im Frühjahr 2022 hat Russland einen Angriffskrieg gegen sein Nachbarland Ukraine begonnen. 2014 hatte es bereits die ukrainische Halbinsel Krim annektiert.

SIEHE »NORDKOREA«, S. 36 UND »RUSSLANDS KRIEG GEGEN DIE UKRAINE«, S. 43

WIE WIRD HEUTE KRIEG GEFÜHRT?

Es gibt verschiedene Arten von bewaffneten Konflikten:

BEWAFFNETE AKTEURE

- Armeen mehrerer Staaten gegeneinander
- Armee eines Staates gegen eine oder mehrere bewaffnete Gruppen
- verschiedene bewaffnete Gruppen gegeneinander

GRENZEN

- innerhalb der Grenzen eines Landes. Das nennt man innerer Konflikt oder Bürgerkrieg, wenn weite Teile der Bevölkerung beteiligt sind.
- zwei Länder gegeneinander
- regionaler Konflikt, an dem mehrere Länder beteiligt sind

AUSLÄNDISCHE INTERVENTION

- Eine Regierung oder Personen aus dem Ausland unterstützen eine der Seiten mit Geld und Material.
- Ein oder mehrere verbündete Staaten greifen militärisch zugunsten einer der Seiten ein.
- Eine oder mehrere bewaffnete Gruppen unterstützen eine der Seiten im Kampf.

↑

INTERNATIONALISIERUNG →

INTERNATIONALE GEMEINSCHAFT

- Ausländische Streitkräfte greifen ein, um die Einhaltung des Völkerrechts durchzusetzen.
- Der Konflikt erhält international Aufmerksamkeit. Die Medien berichten darüber.
- Im Kriegsgebiet werden NGOs aktiv.

Die meisten bewaffneten Konflikte finden in Ländern statt, in denen Armut und soziale Ungleichheit herrschen und es politische Spannungen gibt. Daran beteiligt sind reguläre Armeen und bewaffnete Gruppen. Die internationale Gemeinschaft schaltet sich immer wieder in solche Konflikte ein.

MILITÄRINTERVENTIONEN

Manchmal greifen andere Militärmächte in bewaffnete Konflikte ein, um ihre geostrategischen Interessen zu verteidigen. Dies kann in Form logistischer Hilfe geschehen, etwa durch die Lieferung von Waffen, durch militärische Ausbildung oder die finanzielle Unterstützung der Verbündeten im Kriegsgebiet. Unter Umständen entsenden sie aber auch Truppen.

Diese Soldaten kämpfen selten gegen andere Armeen, sondern meist gegen Guerillabewegungen oder paramilitärische Gruppen. Im Vietnamkrieg mussten die USA ab Mitte der 1960er-Jahre erfahren, dass ein solcher Konflikt kaum zu gewinnen ist.

Der asymmetrische Krieg

Man spricht von einem asymmetrischen Krieg, wenn eine gut ausgerüstete **reguläre Armee** gegen **irreguläre Kräfte** kämpft, die über geringere Mittel verfügen, sich aber vor Ort gut auskennen und von der Zivilbevölkerung unterstützt werden.

In einer Schlacht würde die reguläre Armee mühelos siegen. In einem asymmetrischen Krieg suchen irreguläre Kräfte jedoch nicht die direkte Auseinandersetzung. Sie tauchen in schwer zugänglichen Gebieten oder in der Bevölkerung unter und führen Guerilla- und Sabotageaktionen durch.

Für einen Sieg müsste die reguläre Armee Infanterietruppen entsenden. Die Besetzung eines Gebiets ist allerdings sehr zeitaufwendig, sehr gefährlich und sehr teuer. Daher führt die reguläre Armee eher Luftangriffe auf ausgewählte Ziele durch.

In dieser Situation kann es **keinen Sieger** geben. Die Armee kontrolliert nur den Bereich um ihre Stützpunkte und auch die irregulären Kräfte können das Gebiet nicht unter ihre Kontrolle bringen, ohne Bombardierungen zu riskieren.

WIE ENDET EIN KRIEG?

Auch wenn manche bewaffneten Konflikte Jahrzehnte dauern können, enden die meisten innerhalb weniger Jahre. Krieg zu führen, ist eine große Belastung für die Gesellschaft. Früher oder später müssen die Gegner aufgeben oder nach einem Weg suchen, die Feindseligkeiten zu beenden.

NIEDERLAGE UND KAPITULATION

Klassischerweise endet ein Krieg mit einem militärischen Sieg (dieses Ziel verfolgt jede bewaffnete Gruppe in einem Konflikt). Dem Besiegten bleibt keine andere Wahl, als sich zurückzuziehen und/oder zu kapitulieren.

In diesem Fall diktiert der Sieger die Friedensbedingungen, die der Besiegte akzeptieren muss.

WAFFENRUHE

Die Feindseligkeiten werden eine Zeit lang eingestellt, doch die Armeen behalten ihre Positionen bei.

WAFFENSTILLSTAND

Die Feindseligkeiten enden, auch wenn der Krieg offiziell noch nicht vorbei ist.

FRIEDENSVERTRAG

Die Gegner vereinbaren Bedingungen, um den bewaffneten Konflikt dauerhaft zu beenden.

FRIEDEN UND VERMITTLUNG

Wenn die Konfliktparteien nicht zu einer Verhandlungslösung bereit sind, können sich internationale Vermittler einschalten. Diese versuchen als neutrale Außenstehende, Friedensgespräche in Gang zu bringen. Es ist bereits ein großer Fortschritt, wenn es gelingt, die Gegner zum Reden an einen Tisch zu bringen!

PHASEN EINES FRIEDENSPROZESSES

Sondierungen → **Verhandlungen** → **Aufrichtigkeit** → **Regeln** → **Vermittlung**

Sondierungen
Der Vermittler nimmt mit beiden Seiten Kontakt auf, um ihre Motive und ihre Bereitschaft zum Dialog in Erfahrung zu bringen.

Verhandlungen
Jetzt muss herausgefunden werden, welche Personen auf jeder Seite tatsächlich Entscheidungen fällen können.

Aufrichtigkeit
Es muss klar sein, ob alle Beteiligten den Dialog wirklich wollen oder ob sie nur Zeit gewinnen möchten.

Regeln
Die Gespräche müssen nach festen Regeln an einem für alle Verhandlungsführer sicheren Ort stattfinden.

Vermittlung
Die Verhandelnden müssen mit dem neutralen Vermittler einverstanden sein.

Gespräche

Nach diesen Schritten im Vorfeld können die Verhandlungsrunden beginnen. 1 – Anfangs geht es um Themen, über die man sich leicht einigen kann. 2 – Nach den ersten Zusagen werden immer kompliziertere Fragen besprochen. 3 – Bei den Verhandlungen müssen alle Seiten auf einige ihrer Forderungen verzichten. Im Gegenzug erreichen sie etwas viel Wichtigeres: FRIEDEN.

Friedensverträge

Darin wird festgelegt, wann welche Schritte zur Beendigung des Konflikts erfolgen: Ende der Kampfhandlungen, Niederlegung der Waffen, Grenzziehung, Gefangenenaustausch, Wiedereingliederung der Soldaten ins Zivilleben, Wiederaufbauprogramme, Überwachung durch neutrale Beobachter und Einleitung von Maßnahmen, die den Frieden und die Einhaltung der Vereinbarungen gewährleisten sollen.

FOLGEN EINES KRIEGES

Auf das Ende eines bewaffneten Konfliktes folgt die Nachkriegszeit. In den ersten, schwierigen Jahren müssen sich die Menschen, aber auch die Gesellschaft als Ganze von ihren Wunden und den Zerstörungen des Krieges erholen.

■ Viele Beteiligte und Unbeteiligte haben im Krieg ihr Leben verloren. Das kann ihre Familien und Freunde traumatisiert haben.

Viele wurden verwundet oder versehrt.

Menschen, die Gewalt erlebt haben, können unter seelischen Problemen leiden.

■ Menschen, die fliehen mussten, können oft nicht zurückkehren, weil ihre Häuser zerstört wurden oder nun im Gebiet des Gegners liegen.

Diese Leute haben alles verloren. Oft landen sie in ihrer Heimat in Auffanglagern oder fliehen weiter in ein anderes Land.

Viele bitten in reichen Ländern um politisches **Asyl,** aber nicht allen wird es gewährt.

■ **Antipersonenminen** sind im Boden versteckt. Es ist schwer, sie zu finden und unschädlich zu machen. Theoretisch sollen sie die Armee des Gegners aufhalten, aber sie machen Gebiete auch für die Zivilbevölkerung unbewohnbar.

Manchmal handelt es sich um Minenfelder, durch die ganze Landstriche unzugänglich werden.

Häufig befinden sie sich jedoch an Orten, wo man sie nicht erwartet. Wer zufällig darauf tritt, kann schwer verletzt werden. Oft passiert das Bauern auf dem Feld, Kindern beim Spielen und herumstreunenden Tieren.

■ Die **Infrastruktur** ist zerstört, doch der Staat hat nicht genug Geld für den Wiederaufbau von Straßen, Brücken oder Kraftwerken.

■ Die meisten Fabriken sind geschlossen, Transportwege sind abgeschnitten und ganze Ernten sind zerstört worden. Daher gibt es nicht genug zu essen und in den Läden fehlen Basisprodukte.

■ Viele Felder können nicht bestellt werden, weil dort Minen und Blindgänger liegen. Sie zu entschärfen, ist gefährlich und teuer. Und es dauert sehr lange.

■ Durch den Zusammenbruch der Wirtschaft und der Infrastruktur werden Unternehmen beeinträchtigt. Menschen verlieren ihre Arbeit und haben kein Geld, um etwas zu kaufen.

■ Zu den Kriegsfolgen gehört auch die Verschmutzung der **Umwelt.**

Nordkorea

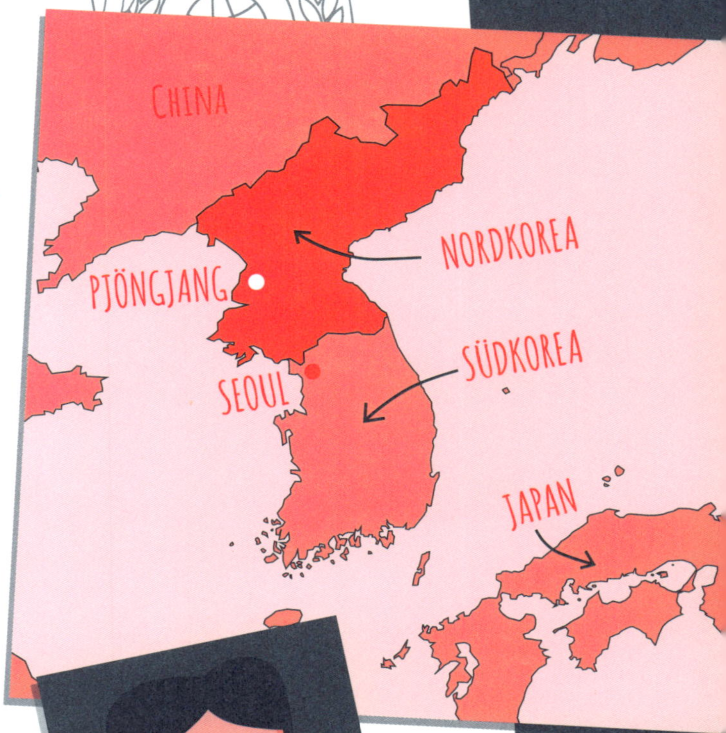

Land: Demokratische Volksrepublik Korea, auch Nordkorea genannt.

Regierung: Kommunistische Republik mit einem Einparteiensystem. Der Präsident Kim Jong-un hat die Position von seinem Vater Kim Jong-il geerbt.

Geschichte: Im Kalten Krieg gab es auf der Halbinsel Korea einen bewaffneten Konflikt zwischen den Kommunisten, die von China unterstützt wurden, und der Regierung, die von den USA unterstützt wurde. Beim Waffenstillstand wurde das Land in Nord- und Südkorea geteilt. Nordkorea ist ein Militärregime, in dem ein Personenkult um den Präsidenten betrieben wird. Der einzige Verbündete ist China. Das Land riegelt sich ab, Ein- und Ausreisen werden erschwert.

Problem: Seit einiger Zeit entwickelt Nordkorea Atomwaffen. Das Land soll inzwischen über Atomsprengköpfe verfügen, mit denen ballistische Raketen bestückt werden können (siehe Seite 25).

Seit dem Kalten Krieg sind die USA und Nordkorea Gegner. Die USA sind mit Südkorea und Japan verbündet, die sich durch die nordkoreanische Militärmacht bedroht fühlen.

DER KRIEG IN SYRIEN

Syrien ist ein Land an der Ostküste des Mittelmeers.

Der Großteil der Bevölkerung lebt in der Nähe der Küste und am Fluss Euphrat.

Vor dem Krieg war das Land bei Touristen beliebt. Geschichtsträchtige Orte wie die Hauptstadt Damaskus, Aleppo oder die berühmten Ruinen von Palmyra zogen viele Besucher an.

Die Schlüssel-figuren

Die Alawiten

In der Arabischen Republik Syrien sind die **meisten Menschen Muslime**. Daneben gibt es auch Christen und Menschen mit anderen Religionen.

In der muslimischen Religion, dem Islam, gibt es zwei große Strömungen: die Sunniten, die die Mehrheit bilden, und die Schiiten.

Die Alawiten sind ein Zweig der Schiiten. Im Verlauf der Geschichte haben diese Zweige des Islams mal friedlich zusammengelebt und sich mal bekämpft.

Die Familie al-Assad

Das heutige Syrien wurde 1946 von Frankreich unabhängig. Seit den 1970er-Jahren regiert die Familie al-Assad das Land: zuerst der Vater Hafiz al-Assad und seit dem Jahr 2000 sein Sohn und Nachfolger Baschar al-Assad.

Die Familie al-Assad gehört zur alawitischen Minderheit im Land. Wichtige Posten in der Regierung, der Baath-Partei und der Armee werden meist von Alawiten besetzt.

HAFIZ AL-ASSAD

BASCHAR AL-ASSAD

IN SYRIEN WIRD EIN AUSGEPRÄGTER PERSONENKULT UM DEN PRÄSIDENTEN BETRIEBEN. ÜBERALL HÄNGEN PORTRÄTBILDER VON IHM UND ER ERSCHEINT STÄNDIG IN DEN MEDIEN.

Die Baath-Partei

Sie wurde 1947 als arabisch-nationalistische, nicht-religiöse und sozialistische Partei gegründet und ist in mehreren Ländern aktiv. In den 1960er-Jahren kam sie in Syrien und im Irak an die Macht.

Die Grenzen zwischen der Baath-Partei und der Regierung verschwimmen, da Parteivertreter die wichtigsten Ämter in Syrien bekleiden. Andere Parteien sind erlaubt, aber nur innerhalb der Grenzen, die die Regierung vorgibt.

Viele Ethnien in einem Land

Die meisten Einwohner sind Araber, aber es gibt auch Minderheiten: Kurden, Drusen, Jesiden, Armenier, Assyrer und Türken. Sie alle besitzen sprachliche und/oder religiöse Besonderheiten.

Die **Kurden** sind ein Volk mit einer eigenen Sprache und Kultur. Sie leben vor allem in Syrien, der Türkei, dem Irak und dem Iran. In der Geschichte wurden sie immer wieder mehr oder weniger unterdrückt.

Viele Leute hielten das syrische Präsidialsystem für wenig demokratisch. Sie kritisierten den harten Umgang mit der sunnitischen Mehrheit und politischen Gegnern.

Wie hat der Krieg angefangen?

2011 demonstrierten Menschen gegen das Assad-Regime.

Die Polizei schlug diese Proteste brutal nieder und die Geheimpolizei verstärkte den Druck auf die Opposition.

Daraufhin schlossen sich noch viel mehr Menschen den Protesten an.

Der Konflikt wurde heftiger. Es wurde auf Demonstrierende geschossen, die sich daraufhin bewaffneten.

Angehörige der Armee desertierten und schlossen sich dem Widerstand an. Bald wurden in der Opposition ideologische Unterschiede erkennbar. Manche Menschen wollten mehr Demokratie, andere waren Islamisten, die einen Gottesstaat anstrebten. Die verschiedenen Gruppen bekämpften sich untereinander und beschworen so einen Krieg aller gegen alle herauf.

WER KÄMPFT IM KRIEG IN SYRIEN?

Der Krieg in Syrien ist ein Bürgerkrieg, der aber direkte Auswirkungen auf sämtliche Nachbarländer hat. Mehrere Militärmächte haben eingegriffen, um ihre jeweiligen Verbündeten zu unterstützen und ihre geopolitischen Interessen zu schützen.

LAGE IN SYRIEN IM MAI 2022

Die Assad-Regierung

Die Assad-Regierung wird von der Armee des Landes sowie von mehreren Milizen und paramilitärischen Gruppen unterstützt.

Außerdem sind mehrere internationale Akteure auf der Seite der syrischen Regierung:

IRAN Das schiitische Land unterstützt traditionell überall im Nahen Osten Schiiten. Seit Beginn des Konfliktes hilft es mit Geld und Militärberatern.

HISBOLLAH Eine schiitische Miliz aus dem Libanon, in dem es ebenfalls grausame Kriege gegeben hat. Auch die Hisbollah wird vom Iran unterstützt.

RUSSLAND Seit dem Kalten Krieg ist Russland mit der Familie al-Assad verbündet.

Russland unterhält einen Marinestützpunkt in der syrischen Stadt Tartus. Es ist der einzige russische Militärstützpunkt am Mittelmeer.

Daher unterstützt die russische Regierung die Assad-Regierung in dem Konflikt mit Geldern und Waffen. Die russischen Luftstreitkräfte wurden entsandt, um Rebellen und Islamisten zu bombardieren.

Israel

1973 besetzte Israel ein strategisch wichtiges Gebiet: die Golan-Höhen.

Türkische Armee und Milizen mit türkischer Unterstützung

Seit 2016 greift die Türkei in den Konflikt ein. Sie schickt Bodentruppen und unterstützt sunnitische Milizen, um auf kurdisches Gebiet vorzurücken und dort »Sicherheitszonen« zu schaffen. Die türkische Regierung will verhindern, dass die syrischen Kurden einen Staat gründen. Denn dieser könnte die Kurden in der Türkei unterstützen, mit denen sie im bewaffneten Konflikt ist.

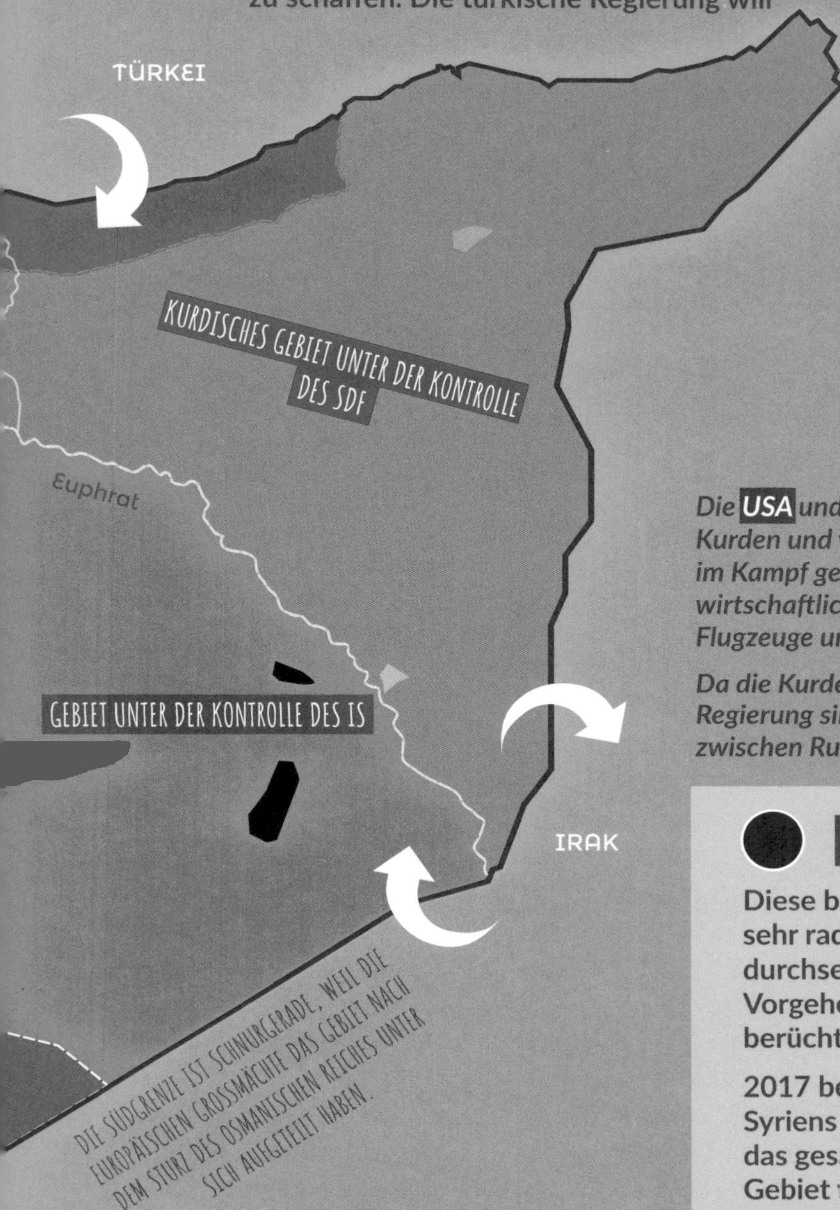

Kurden

Kurden stellen den Großteil der Angehörigen der Syrischen Demokratischen Kräfte (SDF) und werden vor allem von den USA und ihren Verbündeten im Kampf gegen den Islamischen Staat unterstützt.

Sie sind gut organisiert und kontrollieren einen bedeutenden Teil des Landes.

*Die **USA** und ihre **EUROPÄISCHEN ALLIIERTEN** betrachten die Kurden und verschiedene Rebellengruppen als ihre Verbündeten im Kampf gegen den Islamischen Staat. Sie unterstützen sie wirtschaftlich, militärisch und taktisch mit Bombenangriffen durch Flugzeuge und Drohnen.*

Da die Kurden und einige Rebellengruppen Gegner der Assad-Regierung sind, hat diese Militärintervention zu Spannungen zwischen Russland und dem NATO-Mitglied Türkei geführt.

Rebellengruppen

Milizen und bewaffnete Gruppen, die manchmal auch gegeneinander kämpfen. Darunter gibt es Demokraten und Deserteure der Armee, aber auch sunnitische islamistische Milizen.

Zeitweilig kontrollierten sie wichtige Städte und brachten das Assad-Regime in Bedrängnis. Inzwischen beherrschen sie nur noch das Gebiet um Idlib und Teile des irakischen Grenzgebiets.

Islamischer Staat (IS)

Diese bewaffnete Gruppe will eine sehr radikale Auslegung des Islams durchsetzen. Der IS ist für sein brutales Vorgehen und seine Terrorakte berüchtigt.

2017 beherrschte er große Teile Syriens und des Irak, hat seither jedoch das gesamte von ihm kontrollierte Gebiet verloren. Seit 2019 verübt der IS überwiegend Anschläge aus dem Untergrund.

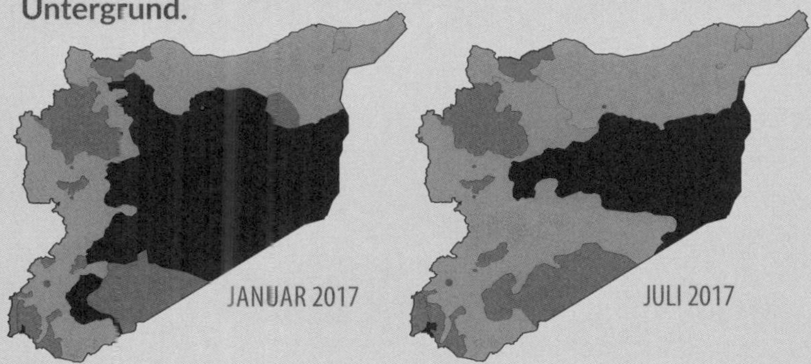

QUELLE: https://syria.liveuamap.com/

Folgen des Krieges

Der Krieg in Syrien dauert schon mehr als zehn Jahre. Die Konfliktparteien setzen sich über das Völkerrecht hinweg und es ist sehr schwer, an Informationen über die Vorgänge im Land zu gelangen. Trotz der gravierenden Folgen des Krieges für die Bevölkerung berichten nach so vielen Jahren die Medien immer weniger über den

Nahezu ganz Syrien ist ein trockenes, wüstenartiges Land. Daher finden die meisten Kämpfe in Städten statt, in denen die Zivilbevölkerung lebt.

2013 setzte die Assad-Armee chemische Waffen gegen die Zivilbevölkerung ein. Man geht davon aus, dass auch andere bewaffnete Akteure diesen Waffentyp verwendet haben.

Der Konflikt hat bisher zu einer halben Million Toten sowie Millionen von Verletzten und traumatisierten Menschen geführt.

Bei Luftangriffen haben viele Einrichtungen und die Infrastruktur Schaden genommen. Ein Großteil der medizinischen Zentren kann nicht richtig arbeiten.

Die Kriegsschäden und die von den USA und ihren Verbündeten in der Folge des Kriegs verhängten Sanktionen gegen das Assad-Regime haben das Land in eine tiefe Wirtschaftskrise gestürzt.

Landwirtschaft und Ölindustrie machen dramatische Verluste.

Geschätzt leben 90 Prozent der Bevölkerung unter der Armutsgrenze.

Etwa die Hälfte der Bevölkerung leidet unter Nahrungsmittelknappheit.

Die wichtigsten am Konflikt beteiligten Militärmächte (USA, Russland, Iran und Türkei) üben noch immer Einfluss aus und sind mit Truppen und Militärstützpunkten im Land präsent.

Menschen auf der Flucht Millionen Menschen mussten wegen der Kämpfe ihre Heimat verlassen. 6,7 Millionen Menschen leben nun in anderen Teilen Syriens. Weitere 5,9 Millionen leben unter sehr schlechten Bedingungen in Flüchtlingslagern in Nachbarländern (vor allem in der Türkei, aber auch im Irak, im Libanon und in Jordanien). Über eine Million Flüchtlinge sind auf der Suche nach einer besseren Zukunft bis nach Europa gekommen, darunter über 800.000 nach Deutschland.

QUELLE: UNHCR

In vielen Gebieten Syriens gibt es keine Kampfhandlungen. Trotzdem wagen viele Menschen nicht, in ihre Heimat zurückzukehren. Sie fürchten schlimme Folgen wegen ihrer Flucht, die schwierigen Lebensbedingungen und die Menschenrechtsverletzungen durch die Regierung und bewaffnete Gruppen.

RUSSLANDS KRIEG GEGEN DIE UKRAINE

Am 24. Februar 2022 marschierten russische Truppen in die Ukraine ein. Diese Art von Angriffskrieg hatte es in Europa seit dem Zweiten Weltkrieg nicht mehr gegeben.

Die russische Regierung im Kreml behauptet, es ginge ihr um die Entnazifizierung der Ukraine und die Befreiung der selbsternannten Republiken Donezk und Luhansk in ostukrainischen Gebieten mit russischsprachiger Mehrheit.

Die heutige Ukraine war jahrhundertelang Grenzland zwischen Ost und West. Deshalb hat das Land unzählige Kriege erlebt. Seine Grenzen haben sich im Laufe der Jahrhunderte immer wieder verändert.

EIN WENIG GESCHICHTE

Jahrhundertelang war die Ukraine unter verschiedenen Mächten wie Russland, Polen und Österreich-Ungarn aufgeteilt. Während des Ersten Weltkriegs und der Russischen Revolution strebte sie nach Unabhängigkeit. Es kam zu heftigen Kämpfen zwischen verschiedenen Seiten. Am Ende schloss sie sich der UdSSR (siehe S. 28) an.

Nach dem Zweiten Weltkrieg wurden der Ukraine ehemals polnische Gebiete im heutigen Westen des Landes und die Krim zugeschlagen. Als Folge des Zerfalls der UdSSR erlangte die Ukraine 1991 ihre Unabhängigkeit, auch wenn Russland nach wie vor großen Einfluss auf das Land ausübte.

EIN LAND MIT ZWEI SEELEN

In der Geschichte der Ukraine spielte Russland eine große Rolle. Die russische Sprache ist vor allem im Osten des Landes weit verbreitet.

Die WESTUKRAINE
Hier sprechen die Menschen überwiegend Ukrainisch und sind von der ukrainischen Kultur geprägt.

In diesem Gebiet gibt es die meisten Berge.

An der Schwarzmeerküste leben auch viele Russen.

Die OSTUKRAINE
Hier sprechen die Ukrainer überwiegend Russisch und sind oft russischer Abstammung.

Hier gibt es große Steppen.

- RUSSISCHE MEHRHEIT
- GEMISCHTE REGIONEN
- UKRAINISCHE MEHRHEIT

Es ist der reichere Landesteil mit viel Industrie und Landwirtschaft.

Viele Ukrainer meinen, dass sich das Land von Russland abwenden und Teil der Europäischen Union (und der NATO) werden sollte.

Viele Russen und Ukrainer meinen, dass die Ukraine und Russland auch eine gemeinsame Geschichte haben. Sie wollen diese Verbindung bewahren.

DIE MAIDAN-REVOLUTION

2013

2013 wurde auf dem Maidan-Platz in Kiew für eine stärkere Annäherung an Europa demonstriert. Die Proteste endeten in schweren Zusammenstößen mit der Polizei und Gruppen radikaler Nationalisten, führten aber zum Sturz der Regierung von Präsident Wiktor Janukowytsch.

DER KAMPF UM DEN DONBASS

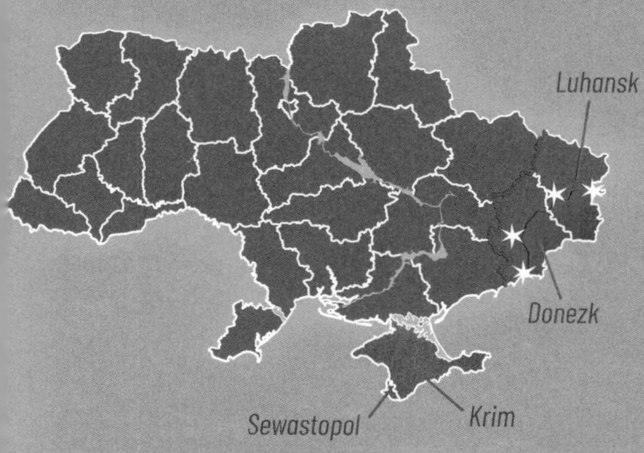

Doch die neue europafreundliche Regierung wurde nicht überall begrüßt, insbesondere nicht im Donbass, der mehrheitlich russischsprachigen Region im Osten des Landes.

2014 kam es zu Unruhen und einem **bewaffneten Aufstand** in den Gebieten **Donezk** und **Luhansk**, die sich zu unabhängigen Republiken ausriefen.

2014

Seitdem gibt es dort einen schweren bewaffneten Konflikt. Milizen aus dem Donbass kämpfen gegen die ukrainische Armee und diese unterstützende irreguläre Kräfte. 2014 beanspruchte **Russland** die Halbinsel **Krim** für sich. Mit Streitkräften unterstützte es gewaltsam die dortigen prorussischen Truppen. Die Krim hatte in der Vergangenheit wechselnde staatliche Zugehörigkeit. Dort liegt die Militärbasis Sewastopol, von der aus Russland das Schwarze Meer kontrolliert.

WLADIMIR PUTIN

Wladimir Putin ist (mit Ausnahme der Zeit von 2008 bis 2012) seit dem Jahr 2000 **Präsident von Russland**. Als junger Mann war er Agent des sowjetischen Geheimdienstes KGB.

2000–2022

Putin vertritt ultranationalistisches Gedankengut. Er will Russland wieder zu einer stärkeren **Großmacht** machen. Viele Länder wie Polen, Litauen oder Rumänien gehörten früher dem Warschauer Pakt an und gehören jetzt zur Europäischen Union und/oder zur NATO. Das betrachtet er als eine Bedrohung für Russland und seine geostrategischen Pläne.

DIE OSTERWEITERUNG DER NATO

KRIEGSPHASEN BIS MAI 2022

1 In den ersten Wochen rückten russische Truppen aus Russland, Weißrussland und von der Krim in die Ukraine vor. Es sah nach einem schnellen **Sturz der ukrainischen Regierung** aus. Die Russen brachten Gebiete im Norden des Landes unter ihre Kontrolle, stießen aber auf unerwartet großen Widerstand. Sie konnten die Hauptstadt Kiew und die zweitgrößte Stadt des Landes, Charkiw, nicht einnehmen.

2 In einer zweiten Phase zog sich Russland aus dem Norden zurück und konzentriert sich auf die **Besetzung des Donbass und der Schwarzmeerküste**. Ziele im ganzen Land werden weiterhin bombardiert.

Vielleicht hat Putin vor, über die Stadt Odessa einen **von Russland besetzten Korridor zwischen dem Donbass und der abtrünnigen Region Transnistrien** (Moldau) zu schaffen.

Wenn Russland die **Kontrolle über den reichsten Teil des Landes** und den **alleinigen Zugang zum Schwarzen Meer** hat, schadet es der ukrainischen Wirtschaft sehr. Gelingt dies nicht, will sich Russland zumindest den Korridor zwischen dem Donbass und der Krim sichern.

Die ukrainische Armee setzt sich aus den regulären Streitkräften, Milizen, Bürgerwehren und vermutlich auch Söldnertruppen zusammen.* Sie wird vom westlichen Militär durch Waffenlieferungen, Beratung und Informationen unterstützt.

DIE NUKLEARE GEFAHR

Die Militärmacht Russland hat das sowjetische Waffenarsenal geerbt. Um eine nukleare Eskalation zu verhindern, greift die NATO nicht aktiv in den Ukraine-Konflikt ein. Es wird befürchtet, dass Russland taktische Nuklearwaffen (eine »kleine« Atombombe) gegen ukrainische Ziele einsetzen könnte.

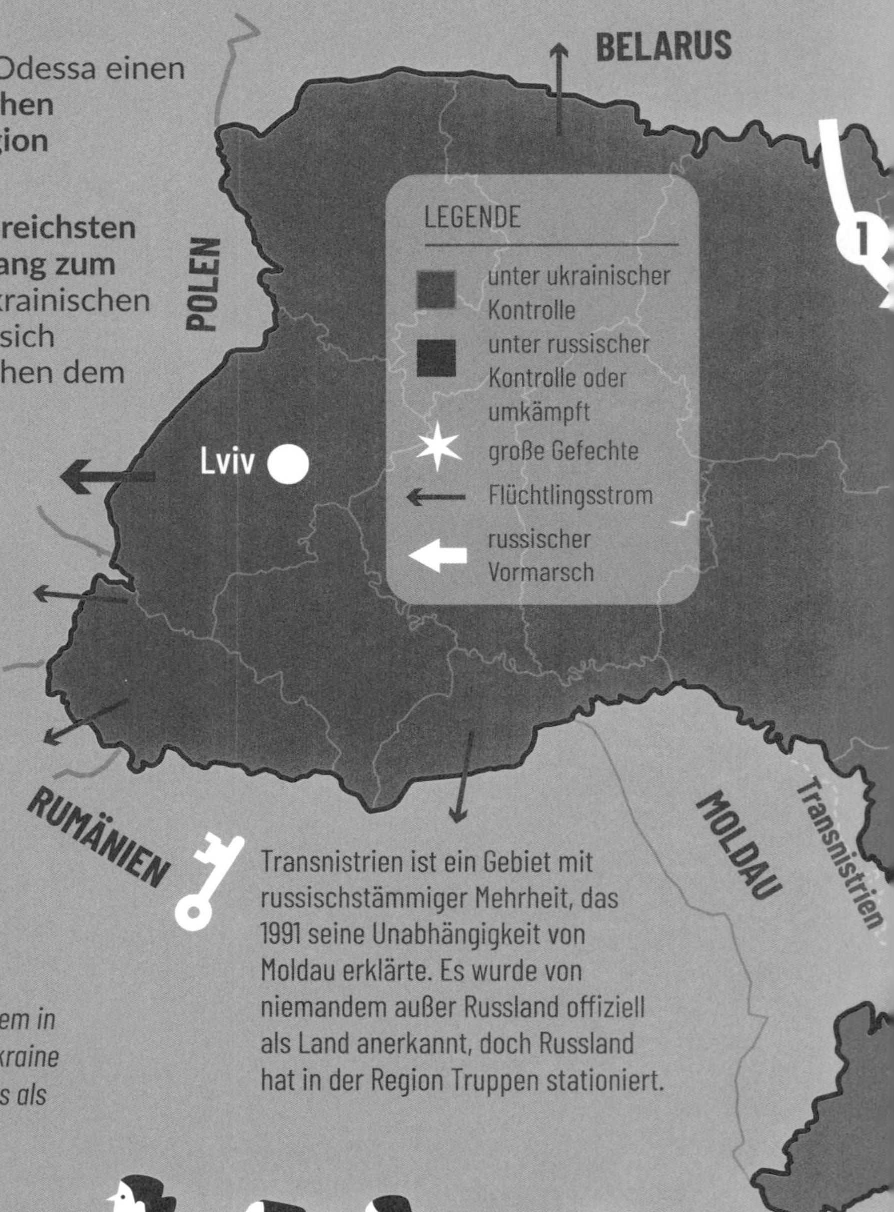

Transnistrien ist ein Gebiet mit russischstämmiger Mehrheit, das 1991 seine Unabhängigkeit von Moldau erklärte. Es wurde von niemandem außer Russland offiziell als Land anerkannt, doch Russland hat in der Region Truppen stationiert.

Über 6,5 Millionen GEFLÜCHTETE

Wie in allen Kriegen leidet die Zivilbevölkerung, die mit den großen geostrategischen Interessen nichts zu tun hat, am meisten. Mehrere Millionen Menschen sind aus der Ukraine geflohen und haben in EU-Ländern Zuflucht gesucht, vor allem in Nachbarländern wie Polen, Ungarn und Rumänien. Da die Ukraine eng mit der EU verbunden ist, konnten die Menschen, anders als Geflüchtete aus anderen Konfliktregionen, legal einreisen.